¡Sé las reglas!

¡SOY AMABLE CON LOS DEMÁS!

I0811625

Por Bray Jacobson

Gareth Stevens
PUBLISHING

Please visit our website, www.garethstevens.com. For a free color catalog of all our high-quality books, call toll free 1-800-542-2595 or fax 1-877-542-2596.

Library of Congress Cataloging-in-Publication Data

Names: Jacobson, Bray, author.
Title: ¡Soy amable con los demás! / Bray Jacobson.
Description: Buffalo, New York : Gareth Stevens Publishing, [2024] | Series: ¡Sé las reglas! | Includes index.
Identifiers: LCCN 2022051445 (print) | LCCN 2022051446 (ebook) | ISBN 9781538290767 (library binding) | ISBN 9781538290750 (paperback) | ISBN 9781538290774 (ebook)
Subjects: LCSH: Kindness–Juvenile literature.
Classification: LCC BJ1533.K5 J33 2024 (print) | LCC BJ1533.K5 (ebook) | DDC 177/.7–dc23/eng/20230111
LC record available at https://lccn.loc.gov/2022051445
LC ebook record available at https://lccn.loc.gov/2022051446

Published in 2024 by
Gareth Stevens Publishing
2544 Clinton Street
Buffalo, NY 14224

Designer: Claire Wrazin
Editor: Kristen Nelson
Translator: Michelle Richau

Photo credits: cover Africa Studio/Shutterstock.com; p. 5 Monkey Business Images/Shutterstock.com; p. 7 Drazen Zigic/Shutterstock.com; p. 9 Pixel-Shot/Shutterstock.com; p. 11 fizkes/Shutterstock.com; p. 13 Ermolaev Alexander/Shutterstock.com; p. 13 (inset) Robert Kneschke/Shutterstock.com; p. 15 Svitlana Bezuholva/Shutterstock.com; p. 17 Jaromir Chalabala/Shutterstock.com; p. 19 VP Photo Studio/Shutterstock.com; p. 21 Maria Evseyeva/Shutterstock.com; p. 23 WiP-Studio/Shutterstock.com; p. 24 (card) A StockStudio/Shutterstock.com

Printed in the United States of America

CPSIA compliance information: Batch #CSGS24: For further information contact Gareth Stevens, at 1-800-542-2595.

Contenido

¡Soy amable a otros!
Uso palabras amables.
Hago acciones amables.

Kumail usa palabras amables.
Él quiere más pan.
Él dice «por favor».

Paul recibe un regalo.
Él dice «gracias».

Farah está molesta.
Ella no grita.
Ella dice qué le molesta.

¿Qué son las acciones amables?

Zara ve a una amiga triste.
Ella le da un abrazo.

Mitchell piensa en
su abuela.
Él le manda una carta.

Jocelyn ve que
Peter cae.
Ella le ayuda ponerse
en pie.

La mamá de Tara preparó
el almuerzo.
¡Después, Tara limpia!

¿Cómo puedes ser amable a otros?

Palabras clave

carta

abrazo

Índice